Rudolf Baumbach

**Spielmannslieder**

Rudolf Baumbach

**Spielmannslieder**

ISBN/EAN: 9783743312227

Hergestellt in Europa, USA, Kanada, Australien, Japan

Cover: Foto ©Thomas Meinert / pixelio.de

Manufactured and distributed by brebook publishing software (www.brebook.com)

Rudolf Baumbach

**Spielmannslieder**

# SPIELMANNSLIEDER

VON

RUDOLF BAUMBACH

EINUNDZWANZIGSTES TAUSEND

LEIPZIG

VERLAG VON A. G. LIEBESKIND

1897

## INHALT.

|   | Seite |
|---|---|
| Guter Rath | 5 |
| Der treue Geselle | 6—7 |
| Frühlings-Symphonei | 8—10 |
| Das Gnadenbild | 11—12 |
| Sternendienst | 13 |
| Orakel | 14—15 |
| Irrung | 16 |
| Amor und Fortuna | 17—18 |
| Wachtelschlag | 19 |
| Ach wie kühle | 20 |
| Drei Schlüssel | 21—22 |
| Fröhliche Armuth | 23 |
| Das letzte Kännchen | 24 |
| Wirthstöchterleins Klage | 25 |
| Das Veilchen | 26—27 |
| Die Spinnerin im Mond | 28—29 |
| Die Sibylle | 30—31 |
| Erlkönigs Töchterlein | 32—34 |
| Zur Beruhigung | 35—36 |
| Vogelsprache | 37—38 |

|  | Seite |
|---|---|
| Waidwund | 39—41 |
| Gute Nacht | 42 |
| Wie ist der See so tief | 43—44 |
| Vorbei, vorbei | 45 |
| Der Sommer geht zu Ende | 46—47 |
| Wenn der Vogel naschen will | 48 |
| Der Schwur | 49 |
| Die kleine Thür | 50—51 |
| Die Bibliothek | 52 |
| Der Pfropfenzieher | 53—55 |
| Trinkt ganz aus | 56—59 |
| Lacrimae Christi | 60—61 |
| Rast nach der Bergfahrt | 62—63 |
| Das begrabene Lied | 64—69 |
| Der Frühling wird wach | 70—71 |
| Schlehenblüthe | 72 |
| Sturmwind | 73—74 |
| Thautropfen und Quell | 75 |
| Ein Lied zu Deinem Ruhme | 76—77 |
| Herzfreude | 78—79 |
| Luftschloss | 80—81 |
| Mein Herz trägt heimliches Leid | 82—83 |

## GUTER RATH.

Spielmann, willst du dir Gunst erringen,
Darfst du von deinem Leid nicht singen.
Freude schenke den Gästen aus;
Wermuth haben sie selbst zu Haus.

## DER TREUE GESELLE.

Acht Knöpfe trug ich am Reisegewand,
Von achten fehlen mir sieben.
Von all den Freunden, die ich gekannt,
Ist einer mir treu geblieben.

Es haben die Liebe mir aufgesagt
Die Lotte, die Lene, die Liese,
Und wär' ich eine verständige Magd,
Ich hätt' es gemacht wie diese.

Doch nenn' ich einen Gesellen mein,
Einen bessern kann's nicht geben,
Und fasst mich beim Genick Freund Hein,
Er wird's nicht überleben.

Er macht mich, wenn ich hungre, satt
Und stärkt mich aus der Flasche,
Und was der Brave im Beutel hat,
Das hab' ich in der Tasche.

Erfasst mich einmal Weh und Leid
Und werden mir feucht die Wimpern,
So ist der Bursch alsbald bereit
Den Schmerz hinweg zu klimpern.

Und schüttelt mich der Winter kalt
Und lähmt mir meine Glieder,
So singt er mir vom grünen Wald
Lenzwarme Freudenlieder.

Er läuft mit mir durch Staub und Gras
Auf allen meinen Wegen,
Und schau' ich in ein Spiegelglas,
So schaut er mir entgegen.

## FRÜHLINGS-SYMPHONEI.

*Auf grünem Hügel steht der Mai,*
*Der fröhliche Geselle,*
*Will halten eine Symphonei*
*Mit seiner Hofkapelle.*
   *Er schwingt mit Fleiss*
   *Ein grünes Reis*
*Mit Blüthen rosenrothen;*
   *Es ist die Flur*
   *Die Partitur,*
*Die Blumen sind die Noten.*

*Herbei, herbei ihr Sänger all*
*Und setzt euch um den Bronnen.*
*Frau Lerche und Frau Nachtigall*
*Das sind die Primadonnen.*
   *Die Emmeriz,*
   *Der Stiegelitz,*
*Die singen im Duette,*
   *Der Spatz im Rohr*
   *Verstärkt den Chor*
*Und bläst die Clarinette.*

*Der Fink, der liederreiche Mann,*
*Der Zeisig darf nicht fehlen,*
*Und weil der Kauz nicht singen kann,*
*Muss er die Pausen zählen.*
 *Der Kukuk schreit*
 *Und im Getraid*
*Das Rebhuhn und die Wachtel,*
 *Es klopft der Specht,*
 *Der Jägerknecht*
*Die Viertel und die Achtel.*

*Und alles, was auf Sechsen geht,*
*Will auch nicht länger schweigen.*
*Der Heuschreck schlägt das Hackebret,*
*Die lust'gen Grillen geigen.*
 *Es summen zart*
 *Nach Harfenart*
*Die Biene und die Hummel,*
 *Maikäfer braun*
 *Bläst die Posaun,*
*Baumschröter schlägt die Trummel.*

*Nun heben auch die Hirsche an*
*Im Tannenforst zu röhren,*
*Die Kuh auf grünem Wiesenplan*
*Lässt ihre Stimme hören,*

*Dazu die Geis*
*Und Lämmlein weiss*
*Und buntgefleckte Kälber.*
*Ich weiss es nicht,*
*Wie mir geschicht,*
*Ich glaub', ich singe selber.*

## DAS GNADENBILD.

*Fromme Pilger zieh'n nach Rom,*
*Sandeln an den Füssen,*
*Wollen in Sankt Peters Dom*
*Ihre Sünden büssen.*

*Ueber's Meer zum heil'gen Grab*
*Wallen reuig andre;*
*Ich mit meinem Pilgerstab*
*Weiss, wohin ich wandre.*

*Muschelhut und Kirchenfahn'*
*Mögen andre tragen,*
*Und den Papst im Vatican*
*Brauch' ich nicht zu plagen.*

*Denn ein wunderthätig Bild*
*Weiss ich aufzufinden.*
*Schaut es an mich engelmild,*
*Alle Leiden schwinden.*

Viel aus seinem Gnadenschatz
Hab' ich schon bekommen.
Meiner Sünden Hälfte hat's
Liebreich übernommen.

Gar zu gern herausgebracht
Hätt' ich noch das Eine:
Ob's auch andre selig macht,
Oder mich alleine.

## STERNENDIENST.

*Drei Sterne leuchten mir Tag und Nacht,
Doch nicht am Himmelsbogen.
Drei Sterne haben mich gemacht
Zum eifrigen Astrologen.
Der erste, gülden anzuschau'n,
Erglänzt im blauen Schilde.
Die andern zwei sind dunkelbraun
Und lächeln mir gar milde.*

*Drei Sterne lassen mir keine Ruh
Und halten mich gefangen.
Nächt ist als vierter mir dazu
Die Venus aufgegangen.
Als fünfter Stern ein Lämpchen brennt,
Das will den Weg mir zeigen. —
Hoch über mir am Firmament
Da hängen lauter Geigen.*

## ORAKEL.

*Eine Frage quält mich bass,*
*Macht mir Kopfzerbrechen:*
*Bleib ich heut' beim Tintenfass,*
*Oder geh' ich zechen?*
*Hei, da muss ich doch einmal*
*Das Orakel fragen.*
*Meiner Nestelknöpfe Zahl*
*Wird mir Kunde sagen.*

*Soll ich gehen oder nicht?*
   *Knopf spricht: „Geh'n!"*
*Was des Schicksals Stimme spricht,*
   *Muss gescheh'n.*

*Noch ein Andres quält mich recht,*
*Macht mir viele Sorgen:*
*Zahl' ich heut' im blauen Hecht,*
*Oder soll ich borgen?*
*Hei, da muss ich doch einmal*
*Das Orakel fragen.*
*Meiner Nestelknöpfe Zahl*
*Wird mir Kunde sagen.*

Zahl' ich, oder zahl' ich nicht?
  Knopf sagt: „Nein!"
Was des Schicksals Stimme spricht,
  Das muss sein.

Eine dritte Frage macht
Sorgen mir und Wehen:
Soll ich in der Mondscheinnacht
Heut' zum Liebchen gehen?
Hei, da muss ich doch einmal
Das Orakel fragen.
Meiner Nestelknöpfe Zahl
Wird mir Kunde sagen.

Thu' ich's, oder lass' ich's heut'?
  „Lass!" spricht Knopf. —
Wer nicht Trotz dem Schicksal beut,
  Ist ein Tropf.

## IRRUNG.

Meine Sonne wurdest du,
Ich ward ein Planete,
Der sich ohne Rast und Ruh
Um die Sonne drehte.

Einmal blieb ich sonnenfern
Vierundzwanzig Stunden.
Mittlerweile war mein Stern
Ohne Spur verschwunden.

Und von meinem Augenpaar
Schuppe fiel auf Schuppe.
Meine Lebenssonne war
Nichts als eine Schnuppe.

## AMOR UND FORTUNA.

Die Heidengötter sitzen stumm
In ihren Grabeshügeln.
Nur zweie fliegen noch herum
Mit nimmermüden Flügeln.
Der eine scharfe Pfeile schnellt,
Die andre klimpert mit dem Geld:
So zieh'n sie durch die Welt,
      Juchhe!
So zieh'n sie durch die Welt.

Den Bogenschützen jeder kennt,
Der über fünfzehn Jahre,
Doch nach der andern Mancher rennt
Vergebens bis zur Bahre.
Sie finden meist sich einzeln ein,
Doch wenn sie einem nah'n zu zwei'n,
Das muss ein Glückspilz sein,
      Juchhe!
Das muss ein Glückspilz sein.

*Ich sang dir, kleiner Bösewicht,
Gar manches Lied zum Ruhme.
Nun geh' und quäl' mich länger nicht
Und schick' mir deine Muhme.
Die streicht herum, ich weiss nicht wo,
Macht andre Leute reich und froh,
Und ich lieg' auf dem Stroh,
   O weh!
Und ich lieg' auf dem Stroh.*

## WACHTELSCHLAG.

*Als ich müde am Aehrenfeld*
*Unter dem Birnbaum ruhte,*
*Hat sich die Wachtel zu mir gesellt.*
*„Schmeckt der Weck?" fragte die Gute.*

*Ja Frau Wachtel, es schmeckt der Weck,*
*Auch mit Wasser genossen,*
*Wenn uns zu hoch hängt Schinken und Speck*
*Wenn uns der Keller verschlossen.*

## ACH WIE KÜHLE!

Lauter rauschte der Wiesenbach,
Spürend ging ich dem Rauschen nach,
 Kam an eine Mühle.
An dem Thor hart an der Wand
Bank und Tisch im Schatten stand.
 Ach wie war's da kühle,
  Ja kühle!

Gott zum Gruss, Frau Müllerin!
Wisset, dass ich durstig bin
 Von des Tages Schwüle.
Und sie ging und kam und trug
Rothen Wein im ird'nen Krug.
 Ach wie war der kühle,
  Ja kühle!

Lächelnd sah sie dem Trinker zu. —
Milde Frau, ach wüsstest du,
 Was ich dankbar fühle.
Als ich meinen Hut gerückt,
Nichts ihr in die Hand gedrückt,
 Ach wie ward sie kühle,
  Ja kühle!

## DREI SCHLÜSSEL.

*Verloren hab' ich all mein Geld,*
*Mein Gut ist gar zerronnen.*
*Mein Truchsess ist das Rübenfeld,*
*Mein Schenk der Röhrenbronnen.*
*Wer hat gebaut zu meiner Pein*
*Das Wirthshaus an den Strassenrain?*
*Du goldner Leu im Schilde,*
*Du schaust mich an so milde.*

*Wirthstöchterlein im Thore stand*
*Und thät mir freundlich winken.*
*An ihrem braunen Gürtelband*
*Drei Schlüssel sah ich blinken.*
*Der erste führt zum Küchenschrank,*
*Der zweite führt zum Lautertrank,*
*Der dritte, winzig kleine*
*Zu ihrem Kämmerleine.*

Und als ich sang ein Lied zum Gruss,
Erklang der erste Schlüssel.
Hei fettes Schinkenbein im Muss,
Wie lachst du in der Schüssel.
Ein zweites Stücklein hob ich an,
Ein zweites Schloss ward aufgethan.
Was trug sie aus dem Keller?
Ein Krüglein Muskateller.

Wer hat denn dieses Lied erdacht?
Ein Spielmann ist's gewesen,
Der ist in einer einz'gen Nacht
Von aller Noth genesen.
Ob er ein drittes Liedlein sang,
Ob ihm der dritte Schlüssel klang —
Wollt' einer ihn drum fragen,
Er thät es doch nicht sagen.

## FRÖHLICHE ARMUTH.

So einer hat kein Zweigespann,
Der geh' zu Fusse stolz,
Und wer aus Gold nicht trinken kann,
Der trink' aus Thon und Holz.

Ein Ritter bin ich freilich nicht,
Hab' weder Hof noch Geld;
Mein Erbgut ist das Himmelslicht,
Dazu die weite Welt.

Und wäre Gold und Silber mein,
Karfunkel und Topas,
So trügst du nicht am Fingerlein
Den Ring mit buntem Glas.

Doch funkelt in der Sonnengluth
Wie Diamant der Ring,
Und küssen kann ich grad so gut
Als wie ein Edeling.

## DAS LETZTE KÄNNCHEN.

Gieb mir, trautes Aennchen
Einen Abschiedskuss
Und das letzte Kännchen,
Weil ich scheiden muss.

An die Thür der Kammer
Schreibe meine Schuld,
Harre sonder Jammer
Meiner in Geduld.

Wird auf grüner Haide
Draussen mir ein Grab,
Wische sanft die Kreide
Mit der Schürze ab.

## WIRTHSTÖCHTERLEINS KLAGE.

Vom weissen Rösslein schied ein Knab,
Es zog ihn in die Weite.
Der Wirthin blonde Tochter gab
Dem Wandrer das Geleite.
Und als er um die Ecke bog
Auf Nimmerwiederkehren,
Die Magd ihr Linnentüchlein zog
Und trocknete die Zähren.

„Es treibt dich fort von Land zu Land
Zu wandern und zu schweifen.
Du trägst an deiner rechten Hand
Von Golde einen Reifen.
Darinnen sitzt ein Blutrubin,
Der leuchtet wie ein Funken. —
O weh, ich liess dich weiter zieh'n,
Eh' du den Ring vertrunken."

## DAS VEILCHEN.

Ging ein Mägdlein durch die Au,
Blumen schauten weiss und blau
   Aus dem grünen Bett.
An des Gartens Zaungeheg
Hart am vielbetretnen Weg
   Stand ein Violet.

Sprach die Schöne weich und sanft:
„Veilchen an der Strasse Ranft
   Thust mir herzlich leid,
Bist im Unkraut halb versteckt,
Und mit Strassenstaub bedeckt
   Ist dein blaues Kleid.

Kommt des Müllers bunte Kuh,
Die am Raine grast, herzu,
   Ist's um dich gescheh'n.
Retten soll dich meine Hand,
Sollst an meines Hutes Band
   Duften und vergeh'n."

*Und das kleine Veilchen spricht:*
*„Sorge dich, o Mägdlein, nicht,*
  *Was mein Schicksal sei.*
*Ob mich eine Kuh zerzupft,*
*Ob ein Gänschen ab mich rupft,*
  *Ist mir einerlei."*

## DIE SPINNERIN IM MOND.

Es kommt am Himmelsbogen
Der gelbe Mond gezogen,
Der giebt so klaren Schein.
Hört zu, wie ich berichte
Die schaurige Geschichte
Vom faulen Mägdelein:

Es war einmal ein Mädchen,
Dem war das Spinnerädchen
Und Flachs und Hanf ein Greul.
Sie wollte tanzen immer
Des Nachts bei Mondenschimmer
Mit Fledermaus und Eul'.

Da kam der Mond gegangen
Und thät beim Röcklein fangen
Die lustbethörte Maid.
Im Mondsaal sitzt sie drinnen,
Und spinnen muss sie, spinnen
In alle Ewigkeit.

*Die Jugend heutzutage
Hält nichts auf fromme Sage
Und ist des Glaubens bar.
Drum wird dies Lied nichts helfen
Bei reigenlust'gen Elfen.
Das ist mir sonnenklar.*

*Und stände ein Gewimmel
Von Monden an dem Himmel,
Wo nur ein einz'ger flammt,
Ich wüsste wohl ein Städtchen,
Das kann mit lust'gen Mädchen
Bevölkern allesammt.*

## DIE SIBYLLE.

Zum Tannwald schritt ein Mädel hin
Mit Zittern und mit Zagen,
Frau Anne, die Zigeunerin
Um klugen Rath zu fragen.
Frau Anne sass auf einem Stein.
„Was bringt das blanke Töchterlein?
Was regt sich in dem Tüchlein
Und gluckset wie ein Küchlein?"

„Ach, gute Mutter, nimm mit Gunst
Das Hühnlein und die Eier
Und steh' mir bei mit deiner Kunst.
Es heischen mich zwei Freier.
Der eine führt das Ellenmass,
Der andre lebt vom Tintenfass.
Nun sag' mir, Mutter Anne,
Wen nehm' ich wohl zum Manne?"

*Die Alte hob zu murmeln an  
Und raunte einen Segen  
Und thät auf grünem Wiesenplan  
Der Magd die Karten legen.  
„Das Weibsbild da, mein Kind, bist du;  
Ein Herz und noch ein Herz dazu,  
Zwei Buben sind geschlagen.  
Nun lass dir Kunde sagen:*

*Der Pikbub muss ein Schneider sein,  
Die Piken thuen stechen;  
Der Herzbub ist ein Schreiberlein,  
Der wird dein Herz nicht brechen.  
Was will der Treffbub? Seh' ich recht,  
Ein junger, schmucker Jägerknecht!  
Er trägt ein Wams von Leder  
Und eine Hahnenfeder.*

*Gewachsen ist er tannenschlank,  
Sein Arm ist fest wie Eisen,  
Zur Laute singt er liebeskrank  
Gar süsse Tageweisen.  
Ei sprich, du Schelmenangesicht,  
Was frugst du nach dem Dritten nicht?"  
Da schwieg die Dirne stille,  
Es lachte die Sibylle.*

## ERLKÖNIGS TÖCHTERLEIN.

*Dämmerung stritt mit dem weichenden Tag,*
*Vögelein schwiegen im Laube.*
*An dem Gestade des Waldsees lag*
*Grüssend die Schenke zur Traube.*
*Liesel behend, in der Hand den Krug*
*Kam mit schwebendem Schritte.*
*Liesel die Augen nicht niederschlug,*
*Als ich sie nahm um die Mitte.*

*Bald in den schäumenden Steinkrug tief*
*Sah ich und bald auf die Liesel,*
*Wie sie von einem zum andern lief,*
*Schlank und behend wie ein Wiesel.*
*Tapfer fügte ich Schluck auf Schluck*
*Zu den bereits gethanen,*
*Und ein verstohlener Händedruck*
*Liess mich Kommendes ahnen.*

*Mond trat hinter den Bergen hervor,
Silbern blinkte der Weiher.
Sieh, da lauschte aus Schilf und Rohr
Eine mit wallendem Schleier.
Erlkönigs Töchterlein wunderhold
Lockt mich zum Ringelreigen,
Güldene Sporen und Haufen von Gold
Giebt sie mir dankbar zu eigen.*

*Hei, wie mächtig der Muth mir schwollt
Zahlte geschwind das Getränke.
Liesel schaute mir vorwurfsvoll
Nach, als ich lief aus der Schenke.
Nebel wallte und wogte im Wind,
Thauig der Wiesengrund blinkte.
Deutlich sah ich das Elfenkind,
Wie es mir winkte und winkte.*

*Hastig brach ich durch Binsen und Rohr,
Setzte behend über Gräben;
Bald am Weiher und bald am Moor
Sah ich die Liebliche schweben.
Winkend und fliehend umtanzte sie mich
Gleich einer flackernden Flamme.
„Elfenfräulein, jetzt hab' ich dich!"
Rief ich, da lag ich im Schlamme.*

*Abgekühlt entstieg ich dem Moor*
*Uebel bespritzt und begossen,*
*Reuig ging ich vor's Wirthshausthor,*
*Aber das Haus war verschlossen.*
*Stolperte heim im nassen Gewand,*
*Habe geflucht, ich glaube.*
*Besser ist immer der Spatz in der Hand*
*Als auf dem Dache die Taube.*

## ZUR BERUHIGUNG.

Der Eremit im härnen Kleid
In seiner dürren Wüsten
Kann leicht sich mit Enthaltsamkeit
Und treuer Liebe brüsten.
Wer aber schwimmt im Strom der Welt
Und doch dem Lieb die Treue hält,
Verdiente wohl zum Lohne
Von Rosen eine Krone.

Es steht mein Sinn nach dir allein,
Nach dir und keiner andern;
Ich denke dein bei Sonnenschein
Und wenn die Sterne wandern.
Und so ich hin und wieder schau'
In andre Augen braun und blau,
So musst du dich nicht grämen
Und mir's nicht übelnehmen.

Und schwenk' ich Dirnen schlank und leicht
Zu lust'gen Fiedeltönen,
So denk' ich: Keine einz'ge reicht
Das Wasser meiner Schönen.
Und küss' ich einen rothen Mund,
So hat das weiter keinen Grund,
Als dass ich in der Ferne
Das Küssen nicht verlerne.

## VOGELSPRACHE.

Am Feuerherd der Frieder schürt
Die Gluth mit einer Zange.
Was zischend sich im Kessel rührt,
Ist eine weisse Schlange.
Er schluckt und schlingt mit vieler Müh'
    Die grause Brüh'.
Da wird's im Kopf ihm wunderlicht;
Jetzt weiss er, was der Vogel spricht.

Willkomm du lust'ger Kirschendieb!
Nun sag' mir frohe Kunde.
Hat mich mein schwarzbraun Mädel lieb
Und denkt sie mein zur Stunde?
Da sang im Kirschenbaum der Spatz:
    „Dein brauner Schatz
Hat einen Buhlen schön und reich." —
Der Frieder ward wie Kreide bleich.

*Drauf hat er sich aus Lindenbast*
*Gewunden eine Schlinge,*
*Die band er an den Lindenast,*
*Auf dass er sich erhinge.*
*Da sprach der Rabe mit Geschnarr:*
  *„Du bist ein Narr!*
*Die Welt ist grün und schwarz das Grab."*
*Der Frieder schnitt sich wieder ab.*

*Er setzte sich auf einen Stein*
*Und hatte Weh im Herzen.*
*Das ungetreue Mägdelein,*
*Das konnt' er nicht verschmerzen..*
*Da sprach im Apfelbaum der Fink:*
  *„Trink Frieder, trink!*
*Der Frieder soll zu Weine gahn."*
*Der kluge Frieder hat's gethan.*

## WAIDWUND.

Es zog ein Waidgesell zu Wald,
Wollt' arme Vöglein fangen.
Ein seltner Vogel blieb ihm bald
Im Netze zappelnd hangen,
War wie ein Knäblein anzuseh'n
Mit Augen recht verwogen,
Am Rücken trug er Flügel zween
Und Federpfeil und Bogen.

Der Jäger wollte hurtig sein
Den Vogel zu erhaschen,
Er fasst' ihn bei den Flügelein
Und löst ihn aus den Maschen.
Da fuhr ein Pfeil durch Wams und Pfaid
Und sass im Herzen drinnen.
Der Knabe liess vor Weh und Leid
Den Bösewicht entrinnen.

Was kam geschritten durch den Hag?
Drei Mägdlein schlank und schmeidig.
„Was wohl dem Jäger fehlen mag?
Sein Auge blickt so leidig." —
„Mir flog durch Wams und Hemd ein Pfeil
Und traf des Herzens Mitte
Macht mir die Wunde wieder heil,
Versagt mir nicht die Bitte."

Die Nadel und den Fingerhut
Ergriff die erste Dirne,
Den Riss im Hemd verschloss sie gut
Mit einem weissen Zwirne.
Die zweite sah nicht müssig drein,
Mit einer grünen Seide
Vernähten ihre Fingerlein
Den Riss im Jägerkleide.

Die dritte sprach: „O weh, ich hab'
Nicht Nadel und nicht Faden.
Wie heil' ich dir, du armer Knab,
Des Herzens schweren Schaden?"
Sie küsst' ihn auf den rothen Mund
In ihrem grossen Leide. —
Erst war der Jäger waidewund,
Nun waren sie es beide.

Wer hat dies neue Lied gemacht?
Kein Mönch in seiner Zelle.
Es hat's im grünen Wald erdacht
Ein junger Waidgeselle.
Er sang's bei einem Tannenbaum
Zu einer guten Stunde.
Er und sein Liebchen waren kaum
Genesen von der Wunde.

## GUTE NACHT.

Mutter Nacht im Mantel grau
Kommt zu Berg gestiegen,
Gras und Blumen trinken Thau,
Nächt'ge Vögel fliegen,
Silbersternlein wandeln sacht.
    Gute Nacht!

Was da flieht den Sonnenschein,
Wandelt jetzt im Walde.
Ruhig schläft der Senne ein
An des Berges Halde.
Salige Fräulein haben Acht.
    Gute Nacht!

Was euch kümmert, was euch plagt,
Lasst es thalwärts fahren.
So ihr Glück im Herzen tragt,
Sollt ihr's weislich sparen,
Bis die Sonne wieder lacht.
    Gute Nacht!

## WIE IST DER SEE SO TIEF.

Ein Schifflein sah ich lenken,
Drin sassen auf den Bänken
Ein Knab und eine Maid.
Stumm sass sie bei dem Fergen
Und thät die Augen bergen
In grossem Herzeleid.
    Wie ist der See so tief.

„Willst du zum Reigen fahren?
Du trägst in deinen Haaren
Von Myrten einen Kranz.
Und wenn ich bei der Linde
Dich Traute wieder finde,
Versagst du mir den Tanz?"
    Wie ist der See so tief.

„Mich lockt zum Ringelreigen
Nicht mehr der Klang der Geigen,
Der Flöten und Schalmei'n.
Vorbei ist Lust und Wonne,
Muss werden eine Nonne
Im Kloster Sanct Marein."
    Wie ist der See so tief.

Er liess das Ruder sinken,
Zwei Thränen sah sie blinken
Und fallen auf den Grund. —
„Muss ich den Schleier tragen,
Will ich dir nicht versagen
Zu küssen meinen Mund."
    Wie ist der See so tief.

Es schlang die weissen Arme
In übergrossem Harme
Um seinen Hals die Maid.
Der Kahn gerieth in's Schwanken,
Die beiden Minnekranken
Vergassen all ihr Leid.
    Wie ist der See so tief.

## VORBEI, VORBEI.

Ich habe geträumt bis Morgens fruh
Den schönsten Traum; mein Traum warst du.
Ich durfte im Traum dein Stirnlein küssen;
Am Morgen habe ich weinen müssen.

Ich habe geklopft des Morgens fruh
An deine Thüre; sie blieb nicht zu.
Du bist nicht besser als alle andern.
Vorbei, vorbei! Muss wieder wandern.

## DER SOMMER GEHT ZU ENDE.

In Feld und Forst wird's schauerlich,
Es sinkt das Laub entkräftet,
Und Sommerfäden haben sich
An meinen Hut geheftet.
Schon zieht der Kranich und der Schwan
Nach südlichem Gelände.
Es kommt der kühle Herbst heran,
   Der Sommer geht zu Ende.

Hoch über mir im Nebel schreit
Ein Volk von heisren Raben.
Sie reden von vergangner Zeit
Und einem alten Knaben.
Mir ist zu Muth, als ob ich Thran
In meiner Flasche fände.
Es kommt der kühle Herbst heran,
   Der Sommer geht zu Ende.

Wenn sonst mein Blick auf Dirnen fiel,
Gab's dunkelrothe Wangen,
Heut' wird bei meinem Augenspiel
Kein Mädel mehr befangen,
Kein stiller Seufzer wird gethan
Beim sanften Druck der Hände.
Es kommt der kühle Herbst heran,
Der Sommer geht zu Ende.

## WENN DER VOGEL NASCHEN WILL.

Amsel in dem schwarzen Kleid
Treff' ich hier dich wieder?
O wie gern zur Maienzeit
Hört' ich deine Lieder!
Und nun sitzt du stumm und still
In den Rebenschlingen. —
„Wenn der Vogel naschen will,
Pflegt er nicht zu singen."

Heda, Geigerlein, wohin?
Ei, was muss ich sehen!
Um das Haus der Winzerin
Schleichst du auf den Zehen.
Nimm hervor das Saitenspiel,
Lass ein Stücklein klingen!
„Wenn der Vogel naschen will,
Pflegt er nicht zu singen."

## DER SCHWUR.

Es sprach zu Hänschen Gretchen:
„Mein Lieben mich gereut.
Du scherzt mit allen Mädchen;
Wir sind geschied'ne Leut.
Geh' deines Weges wieder!
Mein Kuss bleibt dir versagt,
Bis einst der span'sche Flieder
Im Garten Aepfel tragt."

Das Fenster ward geschlossen,
Den Vorhang zog sie für,
Und Hänschen ging verdrossen
Von seiner Liebsten Thür.
Als Tags darauf er wieder
Den Weg zur Trauten fand,
Sass Gretchen auf dem Flieder,
Daran sie Aepfel band.

## DIE KLEINE THÜR.

Ich komme wegemüd an's Thor
Und sehne mich nach Ruh'.
Oweh, der Riegel schiebt sich vor,
Das Hängeschloss klappt zu.
Das Pförtlein find' ich offen noch,
Da thu' ich einen Satz
Und springe wie durch's Kellerloch
Die angstgeschreckte Katz.

Ein Bogenthor das Rathhaus hat,
Dazu ein Thürlein schmal.
Es geht durch's Thor der weise Rath
Hinauf zum grossen Saal.
Doch durch die Seitenpforte dringt
Auch unsereins hinein,
Und was ihm drin der Kellner bringt,
Ist sogenannter Wein.

Ich kenn' ein ander Haus, das gleisst
Von Gold und Marmelstein,
Doch wie des Hauses Herrin heisst,
Soll wohl verhohlen sein.
Es geht in seidner Läppchen Zier
Durch's Thor manch stolzer Fant,
Doch keinem ist so gut wie mir
Die Seitenthür bekannt.

Und wenn an Weib, Wein und Gesang
Die Lust ich einst verlor,
Dann klopf' ich wohl ein wenig bang
An's grosse Himmelsthor.
Sanct Peter aber schaut herfür,
Er drückt ein Auge zu
Und lässt mich durch die kleine Thür
Hinein zur ew'gen Ruh'.

## DIE BIBLIOTHEK.

Die schönste aller Bücherei'n
Liegt tief im goldnen Sterne,
Scheint weder Mond noch Sonne drein,
Nur Wachslicht und Laterne.
Der Bücher Einband ist von Holz,
Sechs Reifen hat ein jeder,
Der Bibliothekare stolz
Trägt einen Schurz von Leder.

Es hält der Weisheit Quintessenz
Das kleinste Buch umschlossen.
Der dieses Lied gesungen, kennt's,
Hat's mit Verstand genossen.
Er trinkt sich wahrheitsdurstig satt
An seinem goldnen Borne,
Und wenn er's ausgelesen hat,
Begänn' er's gern von vorne.

## DER PFROPFENZIEHER.

Nun lasst uns tapfer brechen
Den Rheinweinflaschen den Hals
Und füllt mit goldnen Bächen
Die Höhlung des Krystalls.
Erhebt euch von dem Tische
Und steht in Reih' und Glied
Und singt das ewig frische,
Uralte Zecherlied:
Zum Zippel, zum Zappel, zum Kellerloch 'nein,
Alles muss vertrunken sein!

Der diesen Spruch ersonnen,
Ein frommer Ritter was,
Der lieber denn am Bronnen
Bei vollen Fässern sass,
Und als der letzte Gulden
Aus seinem Beutel schied,
Da machte er fröhlich Schulden
Und sang sein altes Lied:
Zum Zippel, zum Zappel, zum Kellerloch 'nein,
Alles muss vertrunken sein!

*Die Lehen und Allode
Ertranken im Malvasier;
Als letztes der Kleinode
Blieb ihm ein Pfropfenzieh'r.
Das Alter thät ihm färben
Die Haare silberlicht.
Er gönnte seinen Erben
Den Pfropfenzieher nicht.
Zum Zippel, zum Zappel, zum Kellerloch 'nein,
Alles muss vertrunken sein!*

*Er zog aus seiner Tasche
Das Kleinod glatt und blank
Und gab's für eine Flasche
Gefüllt mit Lautertrank.
Ein Schlag, da sank in Scherben
Der Flaschenhals zu Thal.
Er trank und sang im Sterben
Zum allerletztenmal:
Zum Zippel, zum Zappel, zum Kellerloch 'nein,
Alles muss vertrunken sein!*

*Nun trinken wir die Minne
Des alten, durst'gen Herrn,
Und blieb ein Tropfen drinne,
Er säh's gewiss nicht gern.*

Erhebt euch von dem Tische
Und steht in Reih' und Glied
Und singt das ewig frische,
Uralte Zecherlied:
Zum Zippel, zum Zappel, zum Kellerloch 'nein,
Alles muss vertrunken sein!

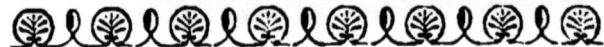

## TRINKT GANZ AUS!

In einem hohlen Steine
Bei Gunlöd Odin sass,
Bei ihrem Zauberweine
Er Himmel und Erde vergass,
Und als zum letztenmale
Gunlöd den süssen Trank
Ihm reichte in goldener Schale,
Da raunte sie minnekrank:
　„Trinkt ganz aus!"

Im Hochsitz sass drei Tage
Der Ase schlummerschwer,
Stumm sassen beim Gelage
Einherier um ihn her.
Zuweilen hob er die Rechte
Schlaftrunken zum Mund empor,
Und aus dem Bartgeflechte
Kam leises Murmeln hervor:
　„Trinkt ganz aus!"

*Walküren sahen mit Lächeln
Allvaters tiefe Ruh,
Es wehten mit Flügelfächeln
Die Raben ihm Kühlung zu.
Und als gestärkt erwachte
Der Ase aus seinem Traum,
Laut rief er, dass erkrachte
Der mächtige Weltenbaum:
„Trinkt ganz aus!"*

*Da sprangen von den Bänken
Die Götter und Helden zumal,
Da rannten Walküren und Schenken
Mit eiligem Schritt durch den Saal,
Da füllten sich Hörner und Becher
Mit Wein und schäumendem Meth,
Da brauste das Rufen der Zecher,
Wie wenn der Nordsturm weht:
„Trinkt ganz aus!"*

*Tyr leerte sonder Wanken
Drei Hörner auf einem Sitz,
Und Balder und Nanna tranken
Sich einen göttlichen Spitz.*

Der Wächter Heimdal füllte
Sein goldenes Giallarhorn,
Thor trank aus dem Kessel und brüllte
In heiligem Asenzorn:
　　„Trinkt ganz aus!"


Hugin und Munin haben
Vernommen das Götterwort;
Nach Midgard flogen die Raben
Und trugen es mit sich fort.
Just sass bei Julmethkannen
Die Blüthe des starken Geschlechts,
Da schlug an die Ohren der Manner
Der heiligen Raben Gekrächz:
　　„Trinkt ganz aus!"


Im Methsaal ward es stille,
Dann hob sich Sturmgebraus
„Es ist Allvaters Wille,
Trinkt aus, ihr Jungen, trinkt aus!"
Es hob die Midgardschlange
Erschreckt den Kopf empor,
Als bei dem Rundgesange
Den Kehrreim jauchzte der Chor:
　　„Trinkt ganz aus!"

*Die Ahnen die Götter ehrten*
*Und fürchteten ihren Zorn,*
*Drum gruben die Schriftgelehrten*
*Den Spruch auf Becher und Horn.*
*Macht Enkel euch zu eigen*
*Die Lehre des Gedichts:*
*Trinkt aus, trinkt auch die Neigen*
*Und schenkt dem Wirthe nichts.*
   *„Trinkt ganz aus!"*

## LACRIMAE CHRISTI.

Es war in alten Zeiten
Ein schwäbischer Fiedelmann,
Der kräftig strich die Saiten
Und lustige Mären spann.

Mit Friederich, dem Andern
In's Wälschland zog er ein
Und kostete im Wandern
Von einem jeden Wein.

Und als auf seinem Zuge
Er nach Neapel kam,
Quoll ihm aus irdnem Kruge
Ein Tropfen wundersam.

Er trank mit durst'gem Munde
Und rief den Wirth herbei:
„Viellieber, gebt mir Kunde,
Was für ein Wein das sei.

Er rinnt mir altem Knaben
Wie Feuer durch's Gebein;
Von allen Gottesgaben
Muss das die beste sein."

Der dicke Kellermeister
Gab ihm die Auskunft gern:
„Lacrimae Christi heisst er,
Denn Thränen sind's des Herrn."

Da überkam ein Trauern
Den fremden Fiedelmann;
Er dachte an den Sauern,
Der in der Heimat rann.

Und betend sank er nieder
Den Blick empor gewandt:
„Herr, weinst du einmal wieder,
So wein' in Schwabenland!"

## RAST NACH DER BERGFAHRT.

*Ich trank mich an der Bergluft satt,
Das Wandern will ich lassen.
Gott grüss dich, altersgraue Stadt
Mit deinen krummen Gassen.
Wer gönnt ein billiges Gelass
Dem wegemüden Fremden,
Dess Habe ist ein Tintenfass,
Zwölf Strümpfe und sechs Hemden?*

*Gefunden hab' ich ein Gemach
Im Haus zum weissen Schwane.
Nur über mir das Giebeldach
Und eine Wetterfahne.
Nichts von der Strasse Staub und Qualm
Auf meiner Hochwacht spür' ich,
Und wie auf einer grünen Alm
Ein freies Leben führ' ich.*

Es setzt von Dach zu Dach die Katz
Mit kühnem Gemsensprunge,
Und lust'ge Weisen pfeift der Spatz,
Der braune Betteljunge.
Es singen Fink und Zeisighahn
Im drahtgeflocht'nen Kerker,
Und Blumen nicken vom Altan,
Aus Fenster und aus Erker.

Gar traulich rauscht der Röhrenborn
In's abendliche Schweigen,
Und bläst der Wächter auf dem Horn,
So klingt's wie Herdenreigen,
Und wird die Sehnsucht in mir wach
Nach einer Sennerinne —
Geduld! Auch unter'm Giebeldach
Ist gern zu Gast Frau Minne.

## DAS BEGRABENE LIED.

### I.

*Hell schimmert das alte Königsschloss
Im frühen Morgenrothe.
Es steigt ein Edelknecht zu Ross,
Muss reiten als Königsbote.
Und als er aus dem Burgthor ritt
Und über die hallende Brücke,
Da hemmte er des Rosses Tritt
Und wandte den Kopf zurücke.*

*Was flatterte im Morgenlicht
Von eines Thurmes Zinnen?
Ein schwebender Vogel war es nicht,
Ein Tüchlein war's von Linnen.
Mit blanker Helleparte stund
Der alte Wächter am Zwinger
Und legte auf den bärtigen Mund
Bedeutsam seinen Finger.*

## II.

*Hei, lust'ger Ritt durch's Waldgeheg!*
*Die Vögel flattern und singen,*
*Und über die Büsche und über den Weg*
*Die fleckigen Hirsche springen.*

*Es schäumt und rauscht der Waldesborn,*
*Es spielt der Wind in den Blättern;*
*Der Reiter nimmt sein Helfanthorn*
*Und lässt es lustig schmettern.*

*„Halli, hallo! der Wald steht grün,*
*Wird schöner mit jedem Morgen.*
*Spring auf mein Herz, lass fröhlich blüh'n,*
*Was tief darin verborgen,*
*Es steigt der Königsadler hoch*
*Bis über die eisigen Firnen,*
*Doch heimliche Minne steigt höher noch*
*Und kost mit des Himmels Gestirnen.*

*Mir ist's, als hört' ich fort und fort*
*Mich Engelflügel umrauschen,*
*Nicht um den Nibelungenhort*
*Möcht' ich mein Glücke tauschen.*
*Ich habe geküsst zu trauter Stund*
*Die junge Königinne,*
*Getrunken hab' ich von ihrem Mund*
*Den seligen Trank der Minne."*

## III.

*Ein stolzer Jäger thät zur Stund
Im grünen Eichwald streifen,
Er trug an seines Helmes Rund
Den goldenen Zackenreifen.*

*Er sah den jungen Edelknecht
Und hörte die jubelnde Stimme,
Den Jagdspiess fasste er wurfgerecht
Und spornte sein Ross im Grimme.*

*Halt ein mit deinem Schallgesang,
Befiehl dem Herrn deine Seele!
Des Königs scharfe Waffe drang
Dem Sänger durch die Kehle.*

*Er sank vom Ross in Todesweh
Und krümmte den Leib, den schlanken;
Die Blumen und der grüne Klee
Sein heisses Herzblut tranken.*

*Der König zog sein Jagdgeschoss
Dem Todten aus der Wunde,
Er lenkte heim sein schwarzes Ross
Und sprach mit höhnischem Munde:
„Das heisse Herz ist still und kalt,
Es werden die Geier und Raben,
Die Wölfe und Füchse im wilden Wald
Dich und dein Lied begraben."*

## IV.

Der Todte starrte in's Sonnenlicht;
Rothkehlchen kam geflogen,
Das hat das bleiche Angesicht
Mit Blumen überzogen.
Die Bäume schüttelten Zweig und Ast,
Als fühlten sie Erbarmen
Und unter einer Blätterlast
Begruben sie den Armen.

Ein Zitterbäumlein keimte auf,
Beschattete den Hügel,
Ein weisser Vogel sass darauf
Und schwang die schimmernden Flügel.
Und aus des Vogels Kehle quoll
Ein Lied von süssem Schalle,
Von seiner Glockenstimme scholl
Des Waldes weite Halle.

Was sang der Vogel fort und fort?
Er sang von einem Knaben,
Der fiel im Wald durch Meuchelmord
Und liegt im Wald begraben.
Er hat geküsst zu trauter Stund
Die junge Königinne,
Getrunken hat er von ihrem Mund
Den seligen Trank der Minne.

## V.

*Es schritt im grünen Waldesraum*
*Ein Spielmann mit der Laute,*
*Wollt' rasten unter dem Zitterbaum*
*Im grünen Farrenkraute.*
*Sein süsses Klagelied begann*
*Der Vogel in den Zweigen,*
*Der Spielmann hielt den Athem an,*
*Es wurde das Lied sein eigen.*

*Der Singer aus dem Eichwald schied,*
*Thät rüstig fürder schreiten,*
*Er trug in's Land hinaus das Lied*
*Und sang's zum Spiel der Saiten.*
*Da horchten auf im Wiesenland*
*Die sensenschwingenden Männer,*
*Die Hirten an des Waldes Rand,*
*Beim Meiler die Kohlenbrenner.*

*Er sang's den Bauern hinter'm Pflug,*
*Den Fischern auf den Wellen,*
*Es stimmten ein bei'm vollen Krug*
*Die wandernden Gesellen.*
*Er sang das Lied den Dirnen vor*
*Am Abend bei der Linde,*
*Er sang es unter dem Bogenthor*
*Dem lauschenden Burggesinde.*

## VI.

Es hob der König sich vom Mahl
Und trat zum Fensterbogen,
Da kam herauf zum Königssaal
Ein Schallgesang geflogen:
Ich habe geküsst zu trauter Stund
Die junge Königinne,
Getrunken hab' ich von ihrem Mund
Den seligen Trank der Minne.

Und lauter und heller zum Saal herauf
Die mächtigen Töne schollen.
Der König fasste des Schwertes Knauf,
Und seine Adern schwollen.
Sein Auge dunkle Nacht umfing,
Bleich thät der Tod ihn färben.
Der König starb, sein Reich verging. —
Ein Lied kann nie ersterben.

## DER FRÜHLING WIRD WACH.

Es steigen die Glöckchen
Aus schmelzendem Eis
Und schütteln die Röckchen,
Halb grün und halb weiss.
Es knarren die Eichen,
Befreit rauscht der Bach.
Die Kälte will weichen,
Der Frühling wird wach.

Die Mutter Sibylle
Thut's Schiebfenster auf
Und schaut durch die Brille
Zum Giebel hinauf.
Zwei Kätzelein schleichen
Verliebt über's Dach.
Die Kälte will weichen,
Der Frühling wird wach.

Was kommt dort getänzelt,
Trägt Stöckel am Schuh?
Es trippelt und schwänzelt
Und kichert mir zu.
Verheissendes Zeichen!
Beherzt folg' ich nach.
Die Kälte will weichen,
Der Frühling wird wach.

## SCHLEHENBLÜTHE.

*Blühender Schleh, blühender Schleh,*
*Schimmerst an Hecken und Rainen;*
*Leg' ich mich nieder in Gras und in Klee,*
*Möchte recht bitterlich weinen.*

*Blühender Schleh, blühender Schleh,*
*Mahnst mich an bräutliches Linnen.*
*Wenn ich im Arme des Andern sie seh',*
*Mein' ich, ich komme von Sinnen.*

*Blühender Schleh, blühender Schleh,*
*Wahr' dich vor Kälte und Wetter!*
*Mir hat die Blüthen getödtet der Schnee,*
*Sturmwind pfeift durch die Blätter.*

## STURMWIND.

Aus der Wüste, wo er schlief,
Sturmwind kam gezogen,
Männer und Rosse begrub er tief
Unter des Sandes Wogen.
Weiter flog er zum grauen Meer
Ohne Ruhen und Rasten,
Schiffe jagte er vor sich her
Mit zerknickten Masten.

Sturmwind kam in's Alpenland,
Kam mit Adlerschnelle,
Und von eisbedeckter Wand
Stürzte er rollende Bälle.
Heulend kam er angebraust,
Fiel in den Wald, den dichten,
Krachend unter seiner Faust
Sanken die Eichen und Fichten.

In die Reichsstadt kam der Sturm
Rüttelnd an Thür und Riegel,
Brach die Fahne vom Kirchenthurm,
Warf von den Dächern die Ziegel,
Zauste die Mäntel im Uebermuth
Männern, Weibern und Knaben,
Und des Bürgermeisters Hut
Wehte er in den Graben.

Weiter brauste der wilde Wind,
Kam an einen Garten,
Drinnen ging ein stilles Kind,
Knospender Blüthen zu warten.
Als der Wind zur Holden kam,
Thät er fein sie grüssen,
Und der Wüstenleu lag zahm
Vor zwei niedlichen Füssen.

## THAUTROPFEN UND QUELL.

Es glich dem Maienthaue
Vor Zeiten meine Lieb;
An jeder Blume der Aue
Ein Tropfen haften blieb.
Und kam die Sonne gezogen
Am blauen Himmelsrund,
Der Thau ward aufgesogen
Von ihrem heissen Mund.

Nun gleicht dem Quell mein Minnen,
Der hat der Tropfen viel,
Und seine Wellen rinnen
Zu einem einz'gen Ziel.
Sie rauschen leise Lieder
Der schlanken Weide am Rain,
Sie neigt sich lauschend nieder. —
Ach Lieb, wann wirst du mein?

## EIN LIED ZU DEINEM RUHME.

Ein Lied zu deinem Ruhme
Zu singen heb' ich an.
Liebliche Maienblume,
Du hast mir's angethan.
Nach edlen Blüthen darf ich schau'n
Auch über fremden Gartenzaun
Und mich daran erbau'n.

Es ist aus Gold gesponnen
Dein seidenweiches Haar,
Deine Augen sind zwei Bronnen,
Lauter, tief und klar.
Wie Nelkenblüthe ist dein Mund.
Ach, dass ich ihn doch küssen kunnt!
Ich würde ganz gesund.

Durchwandert hab' ich die Weite
Vom Nordmeer bis zum Po,
Fand aber keine Zweite,
So lieb und maienfroh.
Ich sah der Kaiserin Gesicht,
So schön wie dein's ist's lange nicht. —
Ein Schelm wer's weiter spricht!

## HERZFREUDE.

*Ich thät in meinem Gartenbeet*
*Ein Kraut in Treuen hüten,*
*Das war von süssem Duft umweht*
*Und reich geziert mit Blüthen.*
*Allein der Teufel Neidelhart*
*Hat mir die Lust verleidet.*
*Es hat ein Bock mit langem Bart*
*Mein Kräutlein abgeweidet.*
*Herzfreude war das Kraut genannt,*
*Daran ich Lust und Trauer fand.*

*Darauf ich einen Falken fing*
*Mit Augen sonnenhelle,*
*Und wo ich stand und wo ich ging,*
*Der Falk war mein Geselle.*
*Allein der Teufel Neidelhart*
*Thät mir die Lust verderben.*
*Ein Geier griff den Falken zart,*
*Der Arme musste sterben.*
*Herzfreude hiess mein Federspiel,*
*Das schuf mir Lust und Trauer viel.*

Ich bin in meinem Herzeleid
Durch's weite Land gefahren,
Da fand ich eine schlanke Maid
Mit seidenweichen Haaren.
Und keines üblen Teufels List
Kann mir die Traute stehlen,
Dieweil mein Lieb ein Englein ist,
Dem nur die Flügel fehlen.
Herzfreude nennt sich mein Gespiel,
Das schafft mir Lust und Wonne viel.

## LUFTSCHLOSS.

*Mein Liebchen, ich hab' mir ein Schlösslein gebaut,*
*Drin wollen wir hausen zu zwei'n.*
*So luftig und lustig ward keins noch geschaut*
*An Tiber und Donau und Rhein.*

*Krystall sind die Wände, das Dach ist Rubin,*
*Von Golde gebaut ist der Saal.*
*Ein Tischelein Deckdich steht mitten darin*
*Und lädt uns zum fröhlichen Mahl.*

*Es springen zwei Bronnen aus Marmelgestein,*
*Die rauschen uns frühe und spat.*
*Es giebt uns der eine Burgunderwein,*
*Der andere sprudelt Muskat.*

*Es stehen die Truhen mit edlem Geschmeid*
*In allen Gemächern umher,*
*Und wolltest du schöpfen in Ewigkeit,*
*Sie würden doch nimmermehr leer.*

Und rings um das Schlösslein ein grünender Hag
Mit Blumen von seltsamer Pracht.
Sie duften wie fremdes Gewürze bei Tag
Und leuchten wie Sterne bei Nacht.

Es weht in den Lüften wie Harfenschall
Und lockender Vögelein Ruf.
Zwölf muthige Rösslein wiehern im Stall
Und scharren mit goldenem Huf.

Das ist mein Schlösslein. Ich hab' es gemacht,
Wie der Sänger sich macht ein Gedicht.
Im Traume hab' ich mir's ausgedacht
Und träumend zusammengericht't.

Es schimmert und blinkt aus der Höhe herab
Sein luftiges Wundergestein,
Und wenn ich das Fliegen erfunden noch hab',
Mein Liebchen, dann ziehen wir ein.

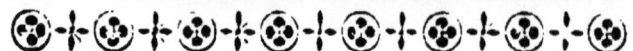

## MEIN HERZ TRÄGT HEIMLICHES LEID.

Der Ulmenbaum, der starke
Zum Himmel fröhlich ragt,
Derweil in seinem Marke
Tödtend der Holzwurm nagt.
Ich singe frohe Lieder
Von Lenz und Lustbarkeit,
Sie hallen im Lande wieder. —
Mein Herz trägt heimliches Leid.

Ein Brunnen quillt verborgen
Aus dunklem Erdenschacht,
Dess Wasser alle Sorgen
Und Leiden vergessen macht.
Tage und Monde schwinden,
Ich suche weit und breit
Und kann den Quell nicht finden. —
Mein Herz trägt heimliches Leid.

Der Mai hat über die Auen
Tausend Blumen gestreut.
Mein Auge soll nicht schauen,
Die mich am meisten freut.
Ein Vogel singt im Flieder
Von Minne und Hochgezeit.
Sonne, wann gehst du nieder?
Mein Herz trägt heimliches Leid.

Druck von W. Drugulin in Leipzig.